# LETTRE
## AU ROI DE PRUSSE
SUR
## LES PROGRÈS DES ARTS;
A L'OCCASION D'UN OUVRAGE ITALIEN
SUR
LES REVOLUTIONS DE LA LITTÉRATURE,

PAR

M. L'ABBÉ DENINA.

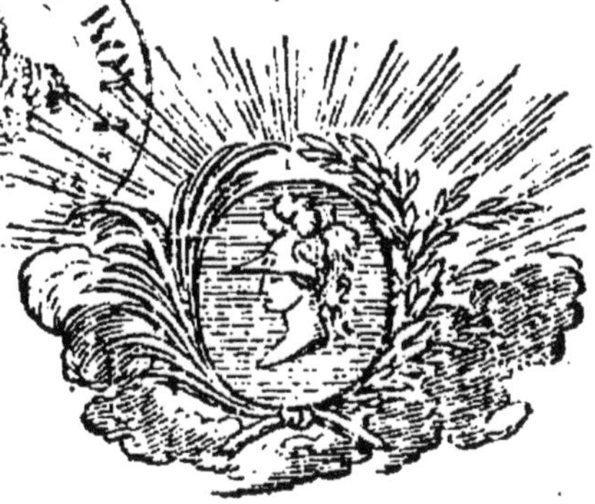

*Revue corrigée & augmentée de quelques notes.*

*A BERLIN,*

Imprimé chez GEORGE JACQUES DECKER, Imprimeur du Roi.

MDCCLXXXIV.

## SIRE,

La bontè avec laquelle VOTRE MAJESTÉ m'a permis de Lui dédier le DISCOURS SUR LES RÉVOLUTIONS DE LA LITTÉRATURE, me fait espérer qu' Elle voudra bien agréer aussi que je Lui expose l'origine & le plan de cet ouvrage.

Vers le milieu de ce siècle, l'abbé Dubos commença à fixer notre attention sur quelques époques les plus remarquables dans l'histoire des Beaux-Arts. Peu de tems après, le fils du grand Racine fit sur le même sujet des réflexions moins profondes, mais peut-être plus justes.

C'étoit dans le tems, que VOTRE MAJESTÉ faisoit son occupation chérie & presque unique de l'étude, & que l'abbé Rollin, & Mr. de Voltaire, qu' Elle honoroit de sa correspondance, travailloient également, quoiqu' avec des talents & des vues differentes, à prévenir la corruption du Goût dont la Littérature françoise paroissoit menacée. Bientôt les succès brillants de votre regne firent présager à l' Allemagne un siècle florissant, tel que l' avoit été pour la Grece celui d' Alexandre, & pour l' Italie ceux d' Auguste & de Leon X. L' histoire du Siécle de Louis XIV. qui parut alors à Berlin sous le nom de M. de Francheville, sembloit faite pour présenter à l'Allemagne le modèle qu' elle devoit égaler. Les époques lumineuses, & les révolutions des Arts devinrent un sujet ordinaire de conversations, particulièrement entre les gens de lettres qui étoient à votre académie ou à votre cour. Et ce fut par une suite de ces entretiens, SIRE, que le comte Algarotti dans un Essai qu' il adressa à M. de Maupertuis, chercha les raisons pourquoi les grands Génies paroissent ensemble & fleurissent en même tems. La guerre de sept ans rendoit encore plus intéressantes ces recherches. On étoit étonné de voir sortir de l' Allemagne couverte d' armées nationales & étrangeres, des poésies, des ou-

ouvrages d'agrément & de goût. L'Europe qui n'avoit les yeux que sur Vous, SIRE, n'ignoroit pas, que VOTRE MAJESTÉ soûtenant seule une guerre affreuse contre tant de puissances formidables, ne discontinuoit pas ses lectures, & qu'en livrant tous les jours des batailles, Elle trouvoit le temps de composer des livres. J'étois alors dans la premiére ferveur de mes études; les livres & les nouvelles d'Allemagne me firent envisager sous un point de vue plus étendu ce qui avoit fait l'objet des réflexions de Dubos, & du comte Algarotti· Peu satisfait d'ailleurs du spectacle des Beaux-Arts de M. de la Combe, & des considérations de M. Méhégan sur le même sujet, je parcourus avec d'autres guides l'histoire universelle de la Littérature, & j'en traçai le tableau que je viens de reproduire augmenté au moins des trois quarts.

Nourri de la lecture des anciens, imbu des maximes de Quintilien & de Rollin, j'étois persuadé que ce sont les grands modeles & les régles établies par les grands maîtres, qui forment les bons ecrivains; que la décadence & le corruption du goût viennent d'un trop grand désir de nouveauté; que sans des occasions favorables & sans encouragemens, les arts & les lettres n'avancent point. Les lectures & les réflexions de vingt-quatre ans ne m'ont pas fait revenir de ces principes: mais j'ai trouvé qu'ils méritoient d'être mieux expliqués. S'il est plus sûr d'un côté de s'en tenir aux regles & aux exemples des grands auteurs; si l'envie d'acquérir un nom par des routes nouvelles peut facilement nous égarer; il n'est pas moins vrai que l'imitation & le trop d'attachement aux grands maîtres nous asservit & retrécit nos idées. D'ailleurs le point de perfection n'étant déterminé que par l'opinion, & le rang des auteurs n'étant fixé que par la postérité, pourquoi seroit-on obligé de rester dans le cercle marqué par ceux qui ont été avant nous? Combien de fois a-t-on cru, dans presque tous les arts, être arrivé au plus haut degré, lorsque la suite a fait voir qu'a peine on étoit à moitié chemin? A la vérité, on trouvera peu de grands auteurs de ces derniers siècles qui n'aient étudié les anciens: mais peut-on dire que ce soient véritablement les Grecs & les Latins qui ont le plus con-

contribué à les former? Je dis plus; c'eſt qu'il n'y a pas un ſeul des grands ouvrages qui ont fait époque dans la Littérature moderne, qui ſoit abſolument conforme aux regles q'on a établies, ni aux auteurs qu'on appelle claſſiques. Pour quelques ſonnets qui nous rappellent des paſſages de Catulle ou d'Horace, dira-t-on que c'eſt de ces auteurs que Petrarque apprit à faire ſes poéſies Italiennes? Le Décameron de Boccace, bien qu'il ſoit une eſpece d'entretien, a-t-il quelque choſe de commun avec les dialogues de Platon ou de Cicéron? Eſt-ce d'aprés Achille, Uliſſe, ou Enée que l'Arioſte a peint ſes Paladins? Pour la Poéſie dramatique, le grand Corneille pourroit nous dire ſi ce ſont les Grecs du ſiécle de Périclès qui ont jetté le fondement du Théatre moderne, ou des Eſpagnols & des François dont on ne connoît gueres que le nom. Je conviens également avec le comte Algarotti que beaucoup de grands Génies en différents genres ſe ſont rencontrés dans le même temps. Mais cette rencontre des grands hommes n'eſt pas moins ſujette à de grandes exceptions. Il me paroît bien plus vrai de dire que de tous les auteurs célèbres, de tous ces genies qu'on appelle créateurs, il n'y en a pas un ſeul qui dans ſa carrière n'ait-été précédé par pluſieurs autres qui tiendroient aujourdhui le même rang, s'ils étoient venus après ceux qu'ils ont dévancés. A l'égard de la Grece, ſi l'on ne prend pas Athènes ſeule pour toute la nation, comment peut-on dire que les grands hommes ſe ſoient rencontrés? Homère, Pindare, Sophocle & Ménandre, n'ont-ils point vécu dans des ſiècles différens? Phidias, Apelles, & Archimede ont-ils vécu dans le même tems? Si à Rome les grands auteurs, à l'exception de Plaute & de Térence, ont vécu dans l'espace d'un ſeul ſiécle, c'eſt que les Beaux-Arts y ont été introduits tous à la fois après la conquête de la Grèce. Malgré celà, depuis que la Langue latine commença à ſe former, jusqu'aux auteurs que nous appellons claſſiques, ils s'eſt au moins écoulé deux ſiècles. Mais ce qui m'a paru digne d'être remarqué, c'eſt que le mérite de ces auteurs eſt ordinairement proportionné aux difficultés qu'ils ont dû ſurmonter. A l'exception de l'Énéide, ils ont moins réuſſi dans les genres, où ils ont trouvé plus de ſècours

chez

chez les Grecs. D'ailleurs Séneque qu'on a ſujet de croire le meilleur des poëtes tragiques latins, puisque c'eſt le ſeul qu'on a eu le ſoin de conſerver, écrivit environ trois cents ans après Andronicus qui avoit introduit à Rome la tragédie. J'ai dû remarquer que la ſatyre, poéſie de la derniere eſpèce que les Latins ſe vantoient d'avoir créée, avoit pourtant reçu quelque-choſe des Grecs, & qu'elle n'étoit parvenue à ſa maturité qu'après deux ou trois ſiècles de culture. On peut compter à peu-près le même nombre d'années entre les annales des pontifes & l'hiſtoire de Tite Live, entre les origines de Caton & les annales de Tacite. J'aurois pu chercher la raiſon, ſi celà eût été de mon ſujet, pourquoi l'ancienne Rome a eu beauconp moins de bons ſculpteurs & de bons peintres que d'habiles architectes. (*a*) C'eſt que l'on ſe trouva accablé & en quelque façon aſſervi par la quantité de chefs-d'oeuvres qu'on apportoit de la Grece, avant que l'on ſe fût formé par degrés à ces arts; au lieu que les Romains avoient toujours travaillé à des Chauſſées, à des ponts, à des aqueducs, à toute ſorte de bâtiments ſolides avant la

 con-

conquête de la Grece; & lorsqu'ils connurent les ordres & les proportions élégantes des Grecs, ils furent mieux en état d'en profiter. Il n'est pas étonnant que l'on vît élever le Panthéon sous les Césars, & l'Amphithéatre sous Titus, dès que sous les rois & sous les premiers consuls on avoit fait des ouvrages dont on admire encore aujourd'hui la grandeur & la solidité. Dans le moyen âge depuis qu'on commença à sortir de la barbarie, il ne fallut pas moins de trois cents ans de travail à l'Italie pour produire les poëmes de l'Arioste & du Tasse. Il s'en écoula encore plus depuis le célèbre Thibault Comte de Champagne jusqu'a Boileau, a J. B. Rousseau, au Philosophe de Sans-Souci. Que de chroniques en vers, que de romans rimés ont precedé la Henriade! Et avant que l'on parvînt aux tragédies d'Athalie & de Zayre, que n'a-t-on point fait en France pour le théatre?

L'histoire des Sciences, & celle de la Philosophie n'entrent qu'indirectement dans mon Plan. Je ne parle de cette classe d'auteurs, que pour mieux marquer les temps qui ont été en général favorables aux études,

des, & fertiles en grands hommes; ou pour obſerver comment la culture des Sciences a quelque fois retardé celle des Beaux-Arts, & d'autrefois en a empêché la décadence & la corruption; ou enfin pour indiquer quelques ſujets qu'elles ont fournis à des ouvrages de goût. La Phyſique et les Mathématiques ne ſemblent point ſujettes aux mêmes changements que les Belles Lettres, Les recherches, les expériences, les efforts que l'on fait pour trouver la cauſe d'un nouveau phénomene, peuvent bien détourner l'application d'autres objets plus ſolides & plus importants, pour l'attacher à des nouveautés moins utiles; mais les Sciences ne contractent pas pour celà un mauvais goût, comme il arrive dans la poéſie & dans l'éloquence, lorsqu'on veut trop raffiner ou trop s'élever. Cependant les ſciences & les arts ont cela de commun, que leurs progrès ſont lents, & qu'ils dépendent peut-être également de cauſes extérieures, & de circonſtances ſouvent accidentelles. Avant que l'Aſtronomie acquît de la certitude, avant que la Géométrie acquît l'étendue, la préciſion & l'élégance qu'elle reçut de M. Euler, d'Alembert

& de la Grange, il s'est bien passé du temps, si l'on date des premiéres connoissances que les Arabes porterent en Europe. Et si nous partons seulement des tentatives de Tartaglia & de Purbach, il s'est passé à peu près autant d'années que du Dante au Tasse, & de Frere Maillard à Massillon. Des hypothèses, qui d'abord paroissoient n'avoir aucun fondement, des doutes proposés par des Scholastiques ont donné occasion à des systèmes avérés, & à des démonstrations positives; (*b*) ainsi que quelques petits épisodes d'un poëme ou quelques lignes d'une histoire, d'un conte, ou d'un ouvrage didactique ont donné naissance à de grands poëmes & à de belles tragédies. Il ne seroit pas fort surprenant que la haute Géometrie, après avoir épuisé les sujets qui peuvent lui appartenir, se vît forcée de s'arrêter là, ou de reculer; comme il est arrivé à la Poésie après avoir représenté tous les grands caractères, & parcouru toutes les situations intéressantes que l'histoire du genre humain peut offrir.

Je suppose que la Tactique moderne ait eu son commencement du temps de Bertrand du Guesclin vers le milieu du douzieme

zieme ſiècle. Compte-t-on moins de trois cents ans, depuis les campagnes de du Gueſclin, jusqu'à celles de Guſtave Adolphe & du vicomte de Turenne? Depuis ces grands capitaines, il s'eſt encore paſſé un ſiècle entier avant que l'art de la guerre ait été porté au point où il ſe trouva à la bataille de Liſſa, qui eſt, dans cet art, ce que ſont le jugement univerſel de Michel-Ange & la Jéruſalem délivrée du Taſſe, dans la Peinture & la Poéſie. Je craindrois, SIRE, de m'attirer un compliment ſemblable à celui que fit Annibal au ſophiſte d'Ephèſe, ſi je m'arrêtois davantage ſur ce ſujet. Mais quand on penſe, que l'Europe entiére vous reconnoît pour le plus grand maître, pour le créateur d'une nouvelle Tactique; que tant d'habiles officiers de toutes nations ne cherchent qu'à s'inſtruire chez vous, & à apprendre vos Manœuvres, tandis que des perſonnes attachées à votre ſervice & agiſſant par vos ordres, ou par vos conſeils, traduiſent & expliquent les Tacticiens Grecs, on a ſujet de croire que dans cet art meurtrier comme dans les ouvrages d'agrémens, la perfection réſulte de la combinaiſon que le Génie ſait faire des exemples, ou des regles des anciens, avec les mœurs & les circonſtances préſentes.

L'Architecture, la Sculpture, & la Peinture plus encore que les ſciences démonſtratives, ont du rapport aux Belles-Lettres. L'origine & les progrès des unes & des autres ſe répondent conſtamment. Les cauſes de leur décadence ſont ordinairement les mêmes. Sans rechercher l'hiſtoire de ces arts dans l'ancienne Grece, leur accroiſſement date du même temps. Cimabué & Giotto ont reſſuſcité la Peinture, lorsque Cavalcanti & Dante ont fixé la première epoque de la Poéſie Italienne. Sannazzare, l'Arioſte, & le Triſſin étoient contemporains de Bramante, de Michel Ange, de Raphael d'Urbin: les Carraches & le Pouſſin l'étoient du Taſſe, du Marini, & du grand Corneille. Celà ne feroit qu'une curioſité indifférente: mais il me paroît utile de remarquer, que les plus grands peintres ne ſe ſont pas formés par des moyens différens de ceux par lesquels les grands auteurs ont fait leurs chefs-d'oeuvres. Ils ſe ſont élevés par l'eſſor que leur a donné l'émulation; & ils n'ont rien négligé.

Les

Les plus grands ont autant profité des médiocres, que ceux-ci des premiers. Rien de tout ce qu'avoient fait San-Micheli & Facciotto d'Urbin; rien de ce qu'avoient écrit pendant plus de deux siécles Leon Baptiste Alberti, Albert Durer, & surtout François Marchi, n'a été inutile, ni au Maréchal de Vauban, ni à Coehoorn son émule. Raphael entretenoit des dessinateurs dans toute l'Italie & dans la Grece pour se procurer la connoissance de ce qu'il ne pouvoit voir de ses propres yeux; & l'on sait même qu'il se vantoit de s'approprier des figures & des desseins d'un César de Sesto son ami, peintre des plus médiocres. Ce grand homme, comme Vasari son élève nous l'assure, s'est formé en étudiant l'antique, le moyen & le moderne, & en s'enrichissant de tout. C'est justement ce que l'Arioste & le Tasse, Corneille & Racine ont fait en deux genres de poésie différens. VOTRE MAJESTÉ a eu occasion plus d'une fois sans doute de remarquer comment l'Architecture eut en Italie le même sort que la Poésie. Précisément à l'époque où le Chiabrera & le Marini vouloient renchérir sur Pétrarque & le Tasse, le cheva-

lier

lier Bernin commençoit à s'écarter de la manière du Palladio & du Scamozzi, François Borromini, architecte d'ailleurs ingénieux & habile, alloit jusqu' a insulter le Bernin, qui ne le suivoit pas dans ses bizarreries & ses caprices. C'étoit dans le même temps que le Ciampoli & l'Achillini regardoient avec mépris les poëtes anciens & modernes, qui n'avoient point donné comme eux dans le travers du style boursouflé, des antitheses & des concetti.

Les révolutions que la Musique a causé dans la poésie moderne, m'ont porté à faire sur cela quelques observations. L'on ne doute presque point que notre chant ecclésiastique qui a précédé toutes les compositions théatrales des trois derniers siécles, ne tienne quelque chose de la Musique des Grecs. Mais pourra-t-on se persuader que le chant introduit dans l'eglise de Milan vers la fin du quatriéme siécle, ou dans celle de Rome à la fin du sixième, en imitant celui d'Alexandrie, ou de Constantinople, retînt encore beaucoup de la Musique de Sparte ou d'Athenes? Si l'on devoit en juger d'aprés l'état où se trouvoient la pein-

peinture & la ſculpture dans tout l'Empire au ſixiéme ſiécle, on feroit bien éloigné de croire que la Muſique de l'Egypte, de l'Aſie, ou de la Trace fut du même goût que celle dont Plutarque nous a tant parlé. Quoiqu'il en ſoit, on a toujours eu depuis de la Muſique en Europe; & même dans les ſiécles de la plus grande ignorance il s'eſt toujours trouvé quelqu'un qui a parlé des défauts qu'elle contractoit, ou des changemens qui s'y faiſoient; & l'on ſait aſſez que la fameuſe querelle ſur la ſupériorité de la Muſique Italienne a exiſté du tems de Charle-magne. J. J. Rouſſeau n'a pas manqué de rapporter une anecdote curieuſe qui le prouve. (*c*) Au lieu de m'arreter a des recherches ſavantes ſur la muſique des Grecs dont il eſt très difficile de ſe faire une idée, j'ai mieux aimé obſerver la ſuite des changemens, depuis Gui d'Arezzo jusqu'à Roland Laſſus muſicien très célèbre au tems de Charles-quint, & depuis cet Amphion Flamand jusqu'à Lulli. En parcourant ce qu'on a écrit ſur l'hiſtoire de la Muſique on peut remarquer que cet art, tel que nous l'avons aujourd'hui, a fait le même chemin que tous les autres.

De

De quelque manière qu'elle ait été portée de la Grece en Italie; les peuples du Nord y ont eu part. L'on prétend que quelque dissonance de voix qu'ils firent sentir en chantant avec les Italiens, a fait trouver de nouveaux accords au moyen des quels on est parvenu à former une harmonie inconnue aux anciens. Ne diroit-on pas que ce sont les verbes auxiliaires, les articles & les rimes étrangeres au pays Latin qui ont créé la langue & la poésie Italienne, Espagnole & Françoise. Les Arabes paroissent avoir contribué en quelque chose à la Musique aussi bien qu'à la poésie moderne. (*d*) La Musique se releva à peu prés au même tems de la renaissance des Lettres. Dans le siècle de Léon X. qui l'aimoit beauconp, cet art paroît avoir été cultivé avec le même succès que la Poésie & la Peinture. (*e*) Quelqu'un a prétendu que dans ce temps-là les meilleurs Musiciens étoient en Flandre & non en Italie, & que les Italiens qui dans la suite ont surpassé les autres nations, avoient été formés par les Flamands & les François. (*f*) Je rapporte quelques faits qui paroissent appuyer cette opinion singuliere. Quoiqu'il

en

en ſoit, le chant Eccléſiaſtique & les *Barcarolles*, (*g*) ont donné l'exiſtence à la muſique Théatrale, de la même manière que les Myſtères repréſentés dans les egliſes & aſſociés aux boufonneries des Italiens, & aux *Sotties* des François ont jetté le fondement du Théatre même, avant que l'on penſât à imiter les tragédies Grecques & les comédies Latines. Dois-je dire encore que de Gui d'Arezzo jusqu'à Pergoleſe, [illegible] à Rameau, [illegible] à Graun, à Naumann, à Galluppi, à Haſſe, à Jomelli, pour ne pas parler des vivans, il s'eſt paſſé cinq à ſix cents ans? Dois-je dire auſſi que depuis qu'il y a des Opéra à toutes les cours de l'Europe, les ſentiments ſont auſſi partagés & la concurrence nationale auſſi forte & auſſi animée en fait de Muſique que pour les autres arts? Je n'entrerai certainement pas dans cette querelle; mais je tomberois presque d'accord avec un auteur Eſpagnol qui donne à ſa nation la préférence pour la Muſique d'Egliſe, aux Italiens pour celle du Théatre, aux Allemands pour la Muſique inſtrumentale, & aux François pour la théorie de l'art. (*h*) Cependant je ne puis me diſpenſer de faire cette remarque, qu'il

eſt

est aussi difficile d'unir la mélodie imitative des anciens à l'harmonie des modernes, qu'il l'est dans un poëme ou dans un discours de conserver la simplicité & l'expression du sentiment & de la passion, lorsqu'on y veut mettre trop d'esprit & trop de savoir. Aussi la corruption de la Musique a eu la même cause que le mauvais goût dans la Littérature. Il y a trente ou quarante ans que l'on n'entend presque plus sur nos théatres d'Italie, si ce n'est à l'Opéra comique, cette musique insinuante, ces airs faciles & touchants que tout le monde répétoit en sortant de la salle. La plûpart des maîtres compositeurs en voulant faire trop sentir leur habilité, font la musique peut-être plus harmonieuse, mais moins touchante & moins agréable. C'est a-peu-près ce qui est arrivé dans la poésie, & dans l'eloquence au temps de Properce & du Guarini. On ne peut qu'admirer, SIRE, à cet égard comme à tant d'autres, la justesse de vos maximes. V. M. voudroit qu'en musique comme dans les autres arts, on revînt souvent aux ouvrages des anciens que le sentiment unanime & le temps ont canonisés, pour prévenir les suites d'une trop

trop grande envie de se distinguer par la nouveauté. A Bologne, où des littérateurs très-sensés ont fait des recueils de poésies de quatre siècles pour rétablir le goût que l'affectation du bel esprit avoit gâté, le savant Pere Martini a fait aussi une très-grande collection de piéces de musique de différents maîtres, & de plusieurs siécles; Mais tout le monde, ou au moins les gens de lettres peuvent lire les recueils de poësie imprimés, & il n'est pas si facile d'établir des academies pour y faire jouer des pieces de musique du tems passé. Je suis persuadé que si VOTRE MAJESTÉ croyoit la Musique aussi importante au bien de ses sujets que l'est l'architecture, on entendroit peut-être à Berlin des compositions de dix ou douze des plus grands maîtres de différents âges, comme l'on voit à Potsdam des bâtiments sur les desseins de tous les grands architectes qu'a eu l'Italie depuis Brunelleschi.

En parlant des progrès que les Lettres ont faits avec plus de rapidité ou plus d'éclat dans quelques païs que dans d'autres, je parle aussi des causes extérieures de cette différence. J'ai trop souvent entendu citer

citer les vers d'Horace & de Juvénal ſur l'air épais de la Béotie & ſur la ſtupidité des Abdéritains. J'ai trop ouï parler pour & contre Monteſquieu, pour ne pas dire quelque choſe ſur l'influence des cauſes phyſiques; j'ai remarqué que Malebranche ſi célèbre pour avoir tout ôté à la matiere, convient cependant que l'air & les alimens, & ſur tour le vin, donnent de l'énergie à l'eſprit & a l'imagination. Mais il y a une infinité d'exceptions à faire aux principes généraux qu'on voudroit établir. D'abord on pourroit douter, ſi c'eſt l'air que nous reſpirons, ou celui qu'ont reſpiré nos ancêtres; ſi c'eſt notre propre nourriture, ou celle de nos peres & même de nos nourrices, qui contribue le plus à la baſe de notre conſtitution &. à la trempe de notre eſprit. Michel-Ange auroit-il eu raïſon de dire que c'étoit le lait de ſa nourrice femme d'un tailleur de pierres, qui l'avoit rendu ſculpteur? Vaſari parle-t-il en philoſophe, ou fait-il une phraſe de rhétoricien, quand il obſerve que Raphaël avoit ſucé le lait de la femme d'un peintre?

Si le terrain gras & l'air épais & humide eſt contraire à l'eſprit, d'où vient que dans

le

le siécle de Léon X. on trouve tant de poëtes & d'autres savans en tout genre à Ferrare, à Mantoue, à Padoue, à Venise, & si peu à Césene, à Rimini, à Macérata, a Ravenne? L'air de la Romagne & de la Marche d'Ancone est-il plus lourd que celui de la Lombardie? La différence de l'air & du sol entre la Silésie & la Bohëme est-elle aussi grande que l'est le nombre de poëtes que l'on compte dans ces deux nations? Quelque fois la difference que l'on remarque entre l'état arts de deux pays, prend son origine d'une cause éloignée, qu'on n'a pu prevenir & qu'on ne sauroit même regretter. (t)

Lorsque l'on voit dans le même temps Copernic en Prusse, Tycho-Brahé en Dannemark, Keppler dans la Styrie ou en Bohême, Huygens en Hollande, de l'autre côté l'Arioste, Fracastore, le Tasse en Italie, Camoëns & Lopez de Véga en Portugal, & en Espagne, l'on est assez disposé à croire que tel climat est plus favorable aux spéculations scientifiques, & tel autre aux ouvrages d'imagination. Cependant l'Astronomie & l'Algébre qui dans ces derniers tems ont fleuri au Nord, étoient venues de l'Afri-

que

que & de l'Eſpagne. Purbach & Copernic avoient eu des maîtres Italiens; & nous avons vu de nous jours que VOTRE MAJESTÉ appelloit d'Italie des Géomêtres de la prémière claſſe, tandisque les Italiens traduiſoient les poéſies des Allemands.

Malgré tout le rapport que de tout temps on a remarqué entre la Poéſie, la Muſique & la Peinture, les provinces d'Italie qui ont eu les plus grands poëtes n'ont produit des peintres que du ſecond ordre; & la patrie des Caraches ne peut pas ſe vanter d'un Arioſte, d'un Taſſe, d'un Chiabrera, pas même d'un Folengo. L'on ne connoit que peu de peintres compatriotes des Camoëns & des Véga. (*k*) La Flandre & la Hollande presque rivales de l'Italie dans la peinture, n'ont point de poëtes comparables aux Italiens ni aux Eſpagnols. L'Angleterre qui a produit tant des poëtes célèbres, n'avoit eu que des faiſeurs de portraits avant le chevalier Reynolds; & l'on ne parle pas encore de muſiciens Anglois. Au reſte, SIRE, je me ſuis moins arrêté aux cauſes purement phyſiques, qu'aux moyens d'en modérer l'influence ou d'y ſuppléer par l'induſtrie. Quel avantage auroit

auroit-on à se persuader qu'il faut aller chercher l'esprit dans des pays asservis par les Turcs ou désolés par les volcans? Quoique la plupart des savans du Nord aient beaucoup voyagé dans des pays méridionaux, on ne peut pourtant pas dire que ce soit la différence de l'air ou de la nourriture qui ait perfectionné leurs talens, plutôt que la vue de nouveaux objects, ou la conversation des hommes qu'ils y ont trouvés. D'ailleurs, quelque grand que puisse être l'effet du climat & des autres causes physiques, il est sûr que leur influence dépend infiniment des causes morales. L'agriculture encouragée peut faire des changements utiles dans l'atmosphère; & le commerce étendu change la nourriture, dont l'effet est aussi puissant que celui de l'air extérieur. La construction seule des maisons peut augmenter les facultés de l'ame comme la force du corps. Une certaine supériorité d'esprit qu'on remarque dans les habitans des pays secs & montagneux n'est pas seulement l'effet de la vivacité de l'air, mais aussi de la stérilité du sol qui amène l'industrie & prévient l'inégalité des fortunes qui

 asser-

aſſervit les eſprits, & qui eſt toujours plus grande dans les pays plus gras & plus fertiles· Enfin une ſage économie, l'eſprit du gouvernement peuvent faire dans les pays riches ce que la nature fait dans les pauvres.

J'ai dit quelque choſe de l'influence de la Religion. L'enthouſiaſme religieux peut donner de l'eſſor à des imaginations que les glaces & les neiges tiendroient dans l'engourdiſſement & dans l'inertie. Perſonne n'ignore que les abſurdités du paganiſme ſe prêtoient extrêmement au génie des poëtes, des peintres, & des ſculpteurs. Les Juifs actifs & induſtrieux auroient peut-être égalé les Grecs & les Étrusques dans ces mêmes arts, ſi les loix religieuſes ne leur euſſent défendu de repréſenter la Divinité ſous aucune forme. C'eſt par la même raiſon que les Arabes n'ont point eu de peintres, comme ils ont eu de poëtes & des Savans de toute eſpèce. (*l*) A la verité la peinture ne leur étoit point défendue; mais dès qu'un motif de Religion ne les portoit point à l'exercer ni à l'encourager, ils n'y firent point de progrès. On n'auroit jamais vu les villes de la Grece ornées de tant de belles

belles ſtatuës d'hommes illuſtres ni les portiques d'Athènes ſi bien hiſtoriés, ſi l'on n'avoit commençé à faire de bois ou de brique des Jupiter, des Caſtors & Pollux, & à peindre Minerve avec du charbon ou de la craie. Le Mahométiſme, né perſécuteur & guerrier, aura des armes plus belles que les notres; mais étant Iconoclaſte d'origine, il n'aura probablement jamais de beaux tableaux. Cependant les rêveries des Rabins & des docteurs Mahométans ont introduit la Féerie & fourni même aux poëtes chrétiens de nouvelles machines plus utiles aux inventions épiques que ne l'étoient celles des Grecs. Ces êtres imaginaires, ces Magiciens & ces Fées ne révoltent point comme les Dieux d'Homère, qui ont les foibleſſes & les vices des hommes.

La Religion chrétienne a été très favorable àpres que tous les Beaux-Arts. Et ce fut avec beaucoup de raiſon qu'a l'ouverture de la belle Egliſe catholique batie ſous la protection de V. M. on a dit; RELIGIO PROMOVET ARTES. Mais il faut pourtant avouer que c'eſt moins par ſes principes eſſentiels que par des uſages arbitraires, &

même par les abus & les préjugés qui s'y sont introduits. Des pratiques de culte sur les quelles des Bossuet & des Leibnitz ne se disputeroient point, peuvent faire des effets considérables dans l'esprit & le caractère d'un peuple rélativement aux progrès des arts. Si l'opinion de Sérenus Evêque de Marseille, & de Claude Evëque de Turin sur le culte des images eût prévalu, peut-être la peinture ne seroit elle pas plus avancée en Europe qu'elle ne l'est en Perse. Par combien d'images grossières du Sauveur, de la St. Vierge, des Apôtres, & par combien de figures plattes & massives de Papes, d'Evêques, & de Moines, n'a-t-il pas fallu passer avant qu'on parvînt aux Galleries & aux Salles du Vatican, & que l'on vît les batailles d'Alexandre au Luxembourg. On a eu bésoin d'indulgence à bien des égards pour arriver au point où l'on est. Si les Rouvere, les Farnese, les Médicis avoient eu des Arnauds & de Nicoles pour directeurs; si en France on avoit écouté les théologiens de Port-Royal, la république des Lettres n'auroit eu ni des Arioste, ni des Corneilles. Paul IV. à la place de Léon X. auroit peut-

être

être perdu Raphaël. Deux lignes de moins dans quelques regles de la congrégation de l'Index auroient fait en Espagne & en France ce que les Puritains ont manqué de faire en Angleterre & en Ecosse. (*m*) J'ai fait là-dessus quelques réflexions que le but de mon ouvrage paroissoit exiger.

Pour les sciences, on seroit autorisé par des faits trop connus à soutenir que la Religion Catholique Romaine y est moins favorable que la Protestante. Cependant Copernic a été protégé par un archevêque secrétaire d'état sous deux papes & cardinal sous un troisiéme. Cent-vingt ans aprês sa mort, son systême n'a pas été moins attaqué en Hollande par des ministres Réformés qu'il ne l'étoit en Italie par des moines.

A peine ai-je touché à ces lieux rebattus de l'avantage politique de la culture des Lettres. Quand cela entreroit dans mon plan, le seul l'exemple de Votre regne, SIRE, suffiroit pour décider la question; Si les Beaux-Arts & les Sciences peuvent nuire à la force essentielle d'une nation. Jamais état n'a été plus fort en proportion de son étendue & de la qualité de son sol; & dans aucun pays les

Lettres n'ont été plus décidément protégées. J'ai eu bien plus ſujet de parler des effets de cette protection des Princes après la quelle les gens de Lettres de tout temps ont ſoupiré: & de faire quelques reflexions ſur l'encouragement des ſciences & des arts. Rien n'eſt plus facile à dire, rien ne paroît plus vrai; que ce ſont les occaſions qui forment les grands hommes. Mais de qui dépendent ces occaſions? Non ſeulement il eſt rare que les éducations particulières les mieux dirigées aient le ſuccèès qu'on s'étoit propoſé; mais il ſeroit même difficile de déterminer jusqu'à quel point les Colleges, les Univerſitès, les Académies peuvent ſervir à produire de grands auteurs. Ce qu'il y a de plus ſûr, c'eſt que le ſort des Lettres & de tous les Beaux-Arts eſt attaché à celui de l'état. Où il n'y a point de fortune à faire par les arts, il n'y a pas d'artiſtes. Si ce n'eſt pas le gouvernement politique qui les a animés il y a quelque ſiècles, c'éſt une certaine aiſance qu'ils trouvoient dans les monaſtères. C'eſt de là qu'eſt venue cette heureuſe fermentation par la quelle, malgré les préjugés, & l'anarchie

chie des ſiècles barbares, les Beaux-Arts ont commencé à renaître. Désqu' ils ſont une fois indroduits dans un état, ils ne manquent jamais d' y faire des progrès à meſure qu' il proſpère. Les moments de criſe & de convulſion leur donnent encore une nouvelle vigueur. Les grands déſordres comme les grands ſuccés, la corruption des moeurs & le luxe, comme l' auſtére vertu, fourniſſent des ſujets intéreſſants à l' hiſtoire, à la poéſie, & des occaſions éclatantes à l' eloquence. Celle-ci particulièrement tient à la conſtitution politique. Par tout où elle ouvre le chemin au pouvoir, aux honneurs, à la fortune, elle eſt animée par elle-même.

L' Hiſtoire paroît être le partage & l'occupation naturelle des perſonnes qui ont été en place & qui ont quitté les affaires. Il eſt rare que de telles perſonnes ne ſoient pas aſſez à leur aiſe pour s'occuper de la lecture, & même pour écrire ce qui s' eſt paſſé de leur temps. Les établiſſements religieux & littéraires donnent lieu à des compilations, dont enſuite l' homme de goût & le philoſophe ſavent faire uſage. Ce ne ſont point les hiſtoriographes richement penſionnés qui nou donnent le meilleur livres d'hiſtoire. La Poéſie ſeule ſemble avoir beſoin de quelques ſecours particuliers. Les Poëtes par la nature même de leur art & par leur caractère perſonnel, ſont ordinairement peu capables d'emplois lucratifs. Heureuſement c'eſt une claſſe d'artiſtes qui demandent peu de choſe. Pour qu'ils ſoient en état de connoître la nature qu'ils doivent imiter & les hommes qu'ils doivent peindre il ne leur faut pas de grands biens. Cependant ſans quelque perſpective brillante, les plus heureux génies tomberoient en langueur; & la miſère unie au talent poétique ne feroit que des ſatyriques déteſtables ou de panégitiſtes ennuyeux. Il eſt facheux qu'après Virgile & Horace, ſi l'on excepte les Opéra de Métaſtaſio, l'on ne trouve preſque pas un ſeul chef-d'oeuvre de Poéſie qui ait été le fruit immédiat d'une penſion; au lieu que l'on peut citer un grand nombre de mauvais Poëtes qui ont été comblés d'honneurs & de bienfaits. Le tableau que j'ai tracé en préſente des exemples de toute eſpèce. Ce n'eſt pas ſeulement

ment pour satisfaire la curiosité des amateurs que j'y ai travaillé, mais pour l'encouragement, & j'ose dire même pour l'instruction de ceux qui entrent dans la carrière des Lettres.

Tous les changements que j'ai faits à cet ouvrage ne m'ont point empêché d'en laisser subsister le premier titre; bien moins encore après les réflexions que VOTRE MAJESTÉ me fit faire sur ce sujet. En parcourant l'histoire des Beaux-arts on les voit sortir de l'Asie, s'établir dans la Grece & dans l'Egypte ; se transferer en Italie & s'étendre dans tout l'Occident. Les révolutions de l'Empire les entraînent dans la décadence, les inondations des peuples du Nord les plongent dans la barbarie. On les voit encore renaître & fleurir dans l'Asie, dans l'Egypte, & en d'autres parties de l'Afrique; de là revenir en Europe après la chûte totale de l'Empire Romain, & laisser quelques germes étrangers en différents pays, tandis que de nouvelles langues se forment sur les débris des anciennes. On revoit une seconde fois les Lettres se relever en Italie, nourries de nouveau par les productions de la Grece que l'Italie communique encore à tout l'Occident. Trop de culture les flétrit tant en Italie qu'en Espagne; & lorsqu'elles tombent dans ces contrées, elles s'élèvent en France à la plus haute splendeur. Au bout de cinquante ans leur éclat paroît se ternir. L'Angleterre qui s'empare de la balance politique prétend aussi au premier rôle sur le théatre des Beaux-arts. Les nations civilisées qui jusqu'alors n'avoient admiré que la Grece & l'Italie, se tournent vers le Nord & l'Occident; elles reçoivent de la Grande-Brétagne des modèles & des lumières en toutes sortes de Littérature. A l'époque de votre régne, SIRE, les arts & les sciences semblent choisir pour asyle le pays de ces Goths & de ces Vandales qui autrefois en avoient étés les destructeurs; & l'on commence à douter si le pays des Scythes ne deviendra pas ce qu'est devenu celui des Gaulois. Tous ces passages des Arts d'un pays à l'autre sont précédés par des altérations internes. A la simplicité & à la force succedent l'élégance, les ornements, le brillant, & le piquant. Le goût change, & les

les changements qui jusqu'à un certain point conduisent à la perfection, amenent ensuite la corruption. L'on voit aux Romans, aux Contes, & aux Ballades succèder la Tragédie, les Drames: aux Chroniques fabuleuses des Histoires sensées; à celles-ci des Eloges & de nouveaux Contes. De la représentation des Mystères les plus sacrés, on voit sortir des spectacles profanes; & du chant grave & majestueux naît une musique efféminée. Des Opéra licentieux on revient quelquefois à des Oratoires affectueux & dévots.

C'est tantôt sur une prophétie ou sur un préjugé vulgaire, tantôt sur des découvertes solides & constatées, que roulent les études. La Théologie, la Controverse, la Métaphysique, l'Astronomie, la Chymie occupent les veilles des Gens de lettres & le loisir des amateurs. Dans un temps c'est la chronologie qui nous guide, dans un autre c'est l'ordre des matières. Fatigués ou peu capables de soutenir des histoires suivies & des traités méthodiques nous nous réduisons à la legéreté des Lettres. Après que les Journaux & les brochures ont ex-

cité

cité notre curiosité, les Dictionaires & les Bibliotheques viennent nous accabler d'une érudition disparate & épineuse, ou entretenir notre mollesse en nous parant de connoissances superficielles. Je tâche dans mon discours de conduire le lecteur par toutes ces révolutions & de lui en faire remarquer l'origine & connoître les auteurs. On demandera peut-être comment l'histoire Littéraire de vingt siècles & de plusieurs nations, qui paroît exiger une longue suite de volumes, surtout accompagnée de fréquentes réflexions, a pu se reduire à quelques centaines de pages. Je dirai d'abord que l'histoire d'un seul de vos ancêtres a fourni la matière de deux gros in folio à un historien-très grave & très-sensé, tel que Pufendorf; & que cependant l'on ne cherche presque plus ailleurs que dans les Mémoires de Brandenbourg les vies & les portraits de tant d'Electeurs & des deux Rois qui vous ont précédé. Je suis trop loin de me flatter d'un pareil succès; mais votre exemple, SIRE, & celui de Montesquieu qui n'a pas craint de réduire en une seule brochure l'histoire Romaine sur laquelle d'aud'autres ecrivains avoient fait des bibliotheques entières, nous prouvent que l'on peut faire de bons ouvrages fort courts ſur de vaſtes ſujets. D'un autre côté le titre de diſcours pour un ouvrage qui fait plus d'un volume paroîtra nn peu extraordinaire. Mais je n'en ſai point de plus propre. Je l'ai diviſé en cinq parties. La première comprend l'eſpace de près de deux mille ans depuis Homère jusqu'à Euſtathe ſon commentateur. C'eſt à l'époque de ce dernier, que l'on peut dire que finit la Littérature auſſi bien que l'Hiſtoire ancienne. De ces dix-huit ou vingt ſiècles on n'en compte que deux particulièrement diſtingués & célèbres. Cependant on n'en trouvera presque pas un ſeul qui n'ait produit quelques ouvrages dont on profite & que l'on imite aujourd'hui. La ſeconde qui commence au dixième ſiècle s'étend jusqu'au renouvellement général des Lettres, & embraſſe tout cet intervalle qui ſe trouve entre la Littérature ancienne & la moderne, & qu'on pourroit appeller le moyen âge. Ce qui ſe rencontre dans cet eſpace d'environ cinq cents ans, les éditions, les traductions & les imitations des livres anciens ſoit en Latin, ou en des langues modernes, les Légendes, les chroniques, les contes même des Fées, tout a contribué aux grands & beaux ouvrages des trois derniers ſiècles. J'ai ſuivi le progrès qu'ont fait les Lettres & les Sciences depuis Naples & Rome jusqu'a Stockholm, Edimbourg & Glascow; mais je parle ſurtout des auteurs qui ont écrit en Latin.

Dans la troiſiéme partie je reviens aux progrès qu'ont faits les langues vivantes & la Littérature moderne, depuis le commencement du ſiècle de Léon X. & de François I. jusqu'à Richelieu. Avec toute l'impartialité que je profeſſe, l'on trouvera peut-être que les Italiens y figurent trop. Cependant j'ai encore beaucoup retranché de ce qu'en ont dit les étrangers, & j'ai parlé de quelques genres de Littérature dans lesquels les Eſpagnols & les François, même avant leur époque lumineuſe, ont égalé ou ſurpaſſé les Italiens. Les Anglois, quoiqu'ils euſſent déja des poëtes qu'on admire encore à préſent, ne figurent pas beaucoup à cette époque, & les Allemands encore moins. On eſt aujourd'hui juſtement indigné

digné de la queſtion que le Pere Boûhours fit d'après le cardinal du Perron; Si un Allemand pouvoit être un Bel-Éſprit. Au tems de Henri IV. la queſtion n'étoit pas ſi impertinente. Ces trois parties ſont contenues dans le prémier volume; les deux ſuivantes embraſſent un plus court eſpace de tems, mais un fond auſſi varié & des ſujets de réflexions qui demandent plus d'étendue.

La quatrième partie renferme le ſiècle de Louis XIV. qui commence au miniſtère de Richelieu, & finit a celui du cardinal de Fleury. J'y parle des auteurs qui l'ont illuſtré avec autant de louange que leur en donnent les François mêmes. Mais je ne ſuis pas toujours de leurs avis ſur les cauſes de cet état de perfection & de ſplendeur, où l'Éloquence & la poéſie ont été portées ſous Louis XIV. Mr. de Voltaire à qui peu de choſes ont échapé à cet égard, ſera néanmoins plus d'une fois mon garant. A l'époque d'Addiſſon, de Pope, & de Bolyngbroke où finit le ſiécle de Louis XIV. on verra d'autres auteurs, & d'autres ouvrages attirer l'attention de l'Europe littéraire. C'eſt le ſujet de la cinquième partie. En obſervant

vant la révolution qui s'est faite vers le milieu du siècle dans la Littérature Européenne, je retourne de la partie septentrionale de la Grande-Bretagne en France, en Allemagne, en Italie & en Espagne, & je considere les efforts que ces nations ont faits pour se relever de l'état où je les ai laissées à l'époque de leur décadence.

Il est trop aisé de prévoir a l'article de la Littérature Allemande qu'il sera beaucoup parlé de VOTRE MAJESTÉ. Comment pouvoit-on l'éviter, SIRE, quelque mesure que l'on prît pour ne pas vous déplaire en vous louant? C'est un fait trop avoué que l'Allemagne n'a jamais eu de princes qui aient autant favorisé les Lettres, qui y aient fait un changement si considérable, & d'une manière si peu commune? On ne peut même dissimuler que dans le reste de l'Europe votre exemple a fait pour les sciences & pour les arts, plus que toutes les parenèses des savans les plus accrédités. Mais ce n'est pas seulement comme celui d'un protecteur généreux que votre nom entre dans l'histoire de la Littérature & dans le plan de mon ouvrage. C'est parce que l'Allel'Allemagne a dans ſon ſein pendant plus d'un demi-ſiécle un puiſſant Monàrque, un Roi guerrier que tous les ſavans de l'Europe regardent comme leur confrere, & à qui les auteurs peuvent parler comme à une perſonne du métier. A peine les annales du monde préſentent-elles un Céſar, un Marc-Aurèle, & peut-être un Charlemagne qui fourniſſent de pareils exemples. Car oſeroit-on vous comparer à un Alfred Roi d'Angleterre, à un Alphonſe Roi de Caſtille, tout grands hommes qu'ils aient été, & auteurs eſtimables pour leurs ſiècles? C'eſt en vous regardant de ce côté-là, que j'ai pris la hardieſſe de vous adreſſer cette Lettre. Je n'oublie pas ce qu'Horace diſoit à Auguſte en lui adreſſânt une epitre ſur un ſujet de Littérature. Je ſuis même perſuadé, que les affaires qui vous occupent ſont encore d'une plus grande étendue que celles d'un Empereur Romain. Mais on n'ignore pas non plus qu'au milieu de tant d'occupations différentes, votre vigilance & votre éloignement de tout amuſement frivole trouvent aſſez de loiſir pour l'étude. Parmi tant d'ouvrages, qui de tous côtés viennent

ſe

ſe préſenter à Vous, je ne déſéſpere pas que le Diſcours que j'ai l'honneur de Vous adreſſer, ne puiſſe mériter quelque regard de VOTRE MAJESTÉ, & obtenir à l'auteur de nouvelles lumieres.

Je ſuis avec un très profond reſpect

*SIRE*

*VOTRE MAJESTÉ,*

*à Berlin 8. Juillet 1784.*

*Le très-humble & très-obéiſſant & très-dévoué ſerviteur*

*L'ABBÉ DENINA.*

## NOTES.

*P. 9.* (*a*) Pline qui nomme tant de Sculpteurs & de tant de Peintres Grecs, *lib. 35. 10. & seq. & lib. 35. c. 5.* ne nomme que deux ou trois Peintres Romains. Et de tous les passages qu'on a pû rassembler d'autres auteurs Latins où il est parlé de peintures ou de sculptures, on n'en trouve pas davantage. Les peintres Romains n'avoient point la grandeur des peintres Italiens du siècle XVI. & du XVII. Lorsqu'on lit dans Pline; *Fuit et nuper gravis ac severus, idemque floridus, humilis rei pictor Amulius*; ne nous paroit-il pas de voir le caractere d'un bon peintre Flamand, ou de Nuremberg?

*P. 12.* (*b*) Sans les hypothèses du Cardinal de Cusa, Copernic n'auroit pas hazardé son système; sans Copernic & Leon Alberti, Galilée ne se feroit pas formé, & sans Galilée Huygens, Keppler & Des Cartes qu'auroit fait le grand Newton?

*P. 17.* (*c*) *Dicebant se Galli meliùs cantare & pulchriùs quàm Romani. Dicebant Romani se doctissimè cantilenas ecclesiasticas proferre. Voyez* ROUSSEAU *Dictionaire de Musique & Encyclopédie* art. PLEIN-CHANT. Muratori *antiq. med. ævi. Dissert.*

*P. 18.* (*d*) On peut le voir dans la Bibliotheque de Casiri T. I. où il est parlé d'un grand nombre d'auteurs Arabes qui ont écrit sur la Musique.

Je

*P.* 18. (*e*) On ne peut pas dire avec M. d'Alembert que la Musique est le seul de tous les arts qui n'a point profité des anciens. A la rénaissance des Lettres & des Arts, on ne voyoit pas plus de peintures des Grecs ni des Romains que l'on n'entendoit de leur Musique. Il est probable, comme l'a remarquè M. le Prince Belofelsky dans son essay sur l'état de la Musique en Italie 1772, que le Grecs réfugiés en Italie, y aient porté de la Musique de leur pays aussi bien que du savoir & des livres. Au moins il est sûr que les maîtres dont les ouvrages peuvent encore nous plaire sortoient des pays fort proches de la Grece. Zarlino étoit de Chioggia sur la mer Adriatique, Pierre Vinci & Antoine Lo Verso étoient Siciliens. Les deux prémiers ont précedé Palestrina, e Lo Verso étoit son contemporain. Il est vrai que l'histoire de la Musique a commencé plus tard que celle des autres arts & de sciences à être cultivée. Car dès le milieu du XVI. siècle on à fait des catalogues, des éloges & des vies, des poëtes, des peintres & des sculpteurs, mais ce n'est qu'à la fin du dernier siècle que Gaspar Printz de Waldthurm dans le haut Palatinat publia à Dresde l'an 1690. la prémiere histoire que nous ayons de la Musique moderne. Matthefon de Hambourg & je ne sais quel François auteur d'une histoire de la Musique en plusieurs volumes l'ont suivi. L'histoire de

cet

cet art devint intéressante lorsqu'il s'éleva la querelle sur le préference entre la Musique Italienne & la Françoise. Le Pere Martini (*Bologna 1757.*) à fait des recher- profondes sur la Musique des Grecs & des Hebreux. Dix ans après M. Blainville & ensuite deux Anglois dans le même tems, M. Burney & M. Hawkin en ont profité. Ce dernier conduisit son histoire jusqu'au tems dans le quel il écrivoit, c'est a dire après l'an 1770. On a annoncé depuis peu un ouvrage Italien de D. Stefano Arteaga sous le titre de *Revoluzioni del Teatro Musicale Italiano.* Il ne peut qu'être intéressant.

*P. 18.* (*f*) L'Abbé Dubos dans ses reflexions sur la poësie & la peinture T. I. Sect. 46. Un passage de Louis Guicciardini qu'on lit dans la description des Pays-Bas, lui parut décisif. Je le rapporte aussi dans mes *Vicende* P. 3. c. 31. & j'observe que les Flamands avant l'époque de Lassus, & de Cyprien Roré s'étoient formés sous des maîtres Italiens, ou Espagnols. Seroit-il possible que Dubos si savant & généralement assez exact, eût confondu *Laodunensis* avec *Laudensis;* & qu'il eût fait Gafurius de Laon au lieu de le faire de Lodi, comme a fait Walther ? Gafurius & Ramus, qui enseignoit la Musique à Bologne & beaucoup d'autres Italiens & Espagnols étoient anterieurs à Lassus, & Roré, Flamands ; & même de leur tems deux Rois de France, François I. & Henri II. firent venir d'Italie

lie les Musiciens pour leur chapelle. *Brantome vie du Mareschal de Brissac.* Vers la fin du siècle il ne fut plus parlé de musiciens Flamands. Ils furent bientôt oubliés dèsque Zarlino de Chioggia vint à Venise & rampaça Roré dans l'emploi d'organiste de S. Marc. La Musique moderne date de lui de l' aveu de tout le monde. La poësie Italienne qui étoit de son temps fort cultivée commençoit a prendre la place des Cantiques latins. Rampollini à Florence mit en Musique les chansons de Petrarque vers l'an 1560. Ce fut un pas essentiel pour les progrès de la Musique. Car peu de temps après & dans le même pays Jacques Peri fit la Musique pour *l'Euridice* de Rinuccini que l'on peut dire la prémière pièce Drammatique moderne représentée en Musique. Ce fut l'an 1600. La versification de Rinuccini étoit encore la même que celle des Chansons de Petrarque. Les chansons qui ont servi de modeles aux ariettes n'étoient pas encore en usage. Ce que Peri avoit fait pour *l'Euridice*, Didier Pecci le fit pour *l'Adone* pièce drammatique du même genre. Ils vivoient l'un & l'autre dans le tems de Palestrina qu'on régarde aujourd'hui, après Zarlino, comme le prémier restaurateur de la Musique. Zarlino y contribua par sa science & par l'établissement qu'il fit à Venise. Palestrina y mit plus de sentiment & plus de goût. De quelque tems que le Contre-point eût

été

été inventé il est sûr que Palestrina en a fait usage. Sa Musique étoit fort à la mode lorsque Lulli Florentin porta en France le goût de la Musique Italienne. Il est vrai qu'avant lui Jean Cavaccio de Bergame avoit fait de la Musique aussi bien pour des chansons Françoises que pour des Italiennes.

*P. 19.* (*g*) Chansons en Vénetiénnes. Un savant Napolitain, a dit que bien de personnes preférent les *Barcaroles* aux airs de Gluck, de Jommelli, de Bach, de Hasse. Mattei *Saggio di Poésie Latine e Italiane.*

*P. 19.* (*h*) D. Thomas de Yriarte auteur d'un poëme intitulé LA MUSICA. *V. la note au chant IV. p. XXII.*

*P. 23.* (*i*) Il n'y a peut-étre guerre moins de marbre sculpté à S. Charles de Milan qu'à S. Pierre de Rome. En voyant la différence des ouvrages qui s'y trouvent doit-on dire qu'en Lombardie on ait manqué de génie pour l'Architecture ou la Sculpture? Le chevalier Fontana qui surpassa tous les Architectes de son tems sous Sixte v. n'étoit-il point de l'état de Milan? Les plus beaux Mausolés qui soient au Vatican, celui de Paul III. & celui de Grégoire XIII, ne sont-ils pas de deux artistes Milanois? La cause principale & peut-étre unique de cette différence c'est qu'à Milan on ne pouvoit abbandoner un ouvrage d'une magnificence étonnante déja presque achevé avant l'epoque des Bramante & de Michel-Ange. Les artistes qui auroient pû pû remplir cette ville opulente de belles ſtatuës, forçés de ſe conformer au prémier deſſein & bornés même par l'emplacement ne purent que couvrir de gros colifichets un édifice Gothique. Les abſurdités tant de fois reprochées au Théatre Anglois n'ont peut-être pas d'autre origine. Puis qu'à Londres on repréſente avec ſuccès les tragédies de Racine traduites, on ne pourroit dire ſans injuſtice que ces abſurdités ſoient abſolument l'éffet du goût national, plutôt que d'un goût paſſager qui regnoit en Angleterre comme ailleurs lorsque Shakeſpeare y créa le Théatre. Des grandes beautés qu'on trouve en Shakeſpeare lui ont fait paſſer ſes grands défauts. La pluspart des autres poëtes on crû de plaire également en l'imitant en tout.

*P. 24.* (*k*) Les peintres Eſpagnols ſont peu connus dans les autres pays Cependant l'Eſpagne a eu beaucoup de peintres & quelques uns même du prémier ordre. V. Palomino Velaſco, de la Puente, d'Argensville & les autres auteurs cités par M. Büſching. *Entwurf einer Geſchichte der zeichnenden Künſte. p. 222. & 306.*

*P. 26.* (*l*) M. l'Abbé Andres dans un volume entier où il parle des Arts, des Sciences & des inventions des Arabes ne dit pas un ſeul mot de leur peinture.

*P. 29.* (*m*) *Veteres autem propter ſermonis elegantiam permittuntur.* Reg. Ind. lib. Prohib.

www.ingramcontent.com/pod-product-compliance
Ingram Content Group UK Ltd.
Pitfield, Milton Keynes, MK11 3LW, UK
UKHW032009260826
14628UKWH00005B/2373

9 782019 705909